ISBN-13: 978-1530521883

ISBN-10: 1530521882

O Sucesso a Cada Segundo II

Jb.campos

Pela repercussão que teve o: "O sucesso a cada segundo", achamos de bom alvitre escrevermos sua seqüência... pela qual, desejamos-lhe agradáveis momentos de reflexão!

Agradecemos à sua honrosa leitura, desejando-lhe todo o sucesso que você esteja anelando...

Sucesso!

Dedicatória

Dedicamos estes trinta e cinco capítulos de auto-ajuda, e o seu respectivo sucesso àqueles que desejam o sucesso profissional, familiar, psicossomático etc...

Realmente, desejamos aproximar você da felicidade...

Seja feliz!

Sinopse

A saúde e o sucesso na história da sua vida...

Estes capítulos são preponderantes ao ser humano, que pretenda passar por esta vida com dignidade.

Bem-aventurado é, aquele que inteligentemente entrega-se à odisséia de alcançar o saudável sucesso integral!

Discorremos sobre os sofrimentos humanos em suas adaptações: mente-alma-físico....

Você, amigo-leitor verá ser o seu próprio carrasco, executando sobre si os seus sofrimentos, pois, os seus pensamentos, ou o seu interior criam, ou propiciam condições, plasmando-os...

Desde já, enxergue, ou sinta o incomensurável poder da sua mente.

Dividimos em capítulos a capacidade de postar-se com calma diante dos problemas diários, evitando o sofrimento criado pelos momentos insanos de nossa mente.

Fragmentamos a saúde e o sucesso dentro do equilíbrio, posto que existem verborragia e dialética ao culto do sonhado sucesso.

Dividimos os sentimentos que afetam constantemente a nossa saúde, e bem-estar do nosso sucesso integral...

Porém, não esquecemos dos bons sentimentos, que nos elevam ao topo da satisfação de viver a nossa história pessoal.

O SUCESSO A CADA SEGUNDO II

Capítulo – 1 – O medo

O medo é, o fator principal que afeta a nossa saúde, e consequentemente, o nosso sucesso, além da perversa inversão que nos causa, pois, logo vemo-nos armados contra o futuro, pelo qual, um possível interlocutor possa nos ofender, ou nos humilhar...

A prepotência é, o resumo deste sentimento, que chama-se medo, vivendo nas nossas frustrações latentes!

Às vezes, tornamo-nos ridículos nas nossas atitudes liberadas pelo medo, e com toda a insegurança partimos à Dom Quixote, atacando os nossos moinhos de vento, imaginários.

Em pleno desequilíbrio, atacamos quixotescamente, lançando farpas naquilo que, é mais sagrado, o nosso próximo, a quem, deveríamos amar como a nós mesmos!

O indivíduo com excesso de irritação e frustração, com certeza está sentindo-se como um animal acuado pelo medo de algum fantasma produzido pela sua mente.

Assim agiam os déspotas do passado, bem como os atuais, com dois pesos e duas medidas...

Poderíamos aqui, citar uma gama enorme de palavras que se referisse à mente humana como inconsciente, eu maior, alma, espírito, subconsciente, eu interior, consciex etc...

Alguém em estado melancólico de medo, está sendo um verdadeiro laboratório produtor de toxinas!

Porém, há maneiras de se pensar sadiamente, pelas quais, venceremos este vilão da saúde e do sucesso.

Ao apercebermo-nos tomados pelo pânico sem causa, e pelo impulso de agressividade, lembremo-nos da nossa miserável prepotência, e do ditame popular: "Cão que ladra, não morde".

Este velho medo já fora compreendido e traduzido pelos antigos, que por estatísticas do dia-a-dia criaram este verdadeiro bordão.

Indicação de que o rompimento de alguém a nos afrontar, advém do seu próprio medo, nimbado de chantagem involuntária, pois, submete-se ao ridículo de dar vexame, que só pode ser por desequilíbrio, ou por ignorar o seu mundo interior.

A salvação contra o medo, se dá com a doutrinação da nossa maneira de ver, ou de pensar, eliminando a fobia mental através da benesse divina-natural nos legada que é, pensar corretamente...

Existe uma confusão generalizada quanto aos nossos sentimentos, confunde-se paixão com amor, ódio com ira, ciúme com inveja... misturando covardia, libertinagem, vingança, castigo, fé, medo etc...

A sinonímia é grande, mas, podemos simplificá-la entre filosofia – religião – ciência, desdobrando-as... talvez em causas e efeitos, ações e reações...

Porém, sentimentos vão além de nossa paupérrima ciência filosófica-religiosa...

Como se quiséssemos ultrapassar os liames do nosso terceiro décimo mental, posto que, nem atingimos o primeiro.

Com toda nossa filosofia sobre o tema aqui pautado, a saúde do sucesso, não obstante, poderemos aproximar do equilíbrio, na arte de viver com sucesso.

Capítulo – 2 – O sucesso

Destrincemos um pouco o sucesso:

Aquilo que significa sucesso para um, não o é para outro, sendo escalas de valores íntimos...

Existem castas humanas, vivendo com sucessos em todos os recantos da terra.

O muçulmano, habitando o deserto, sobre o pêlo de seu camelo, julga-se bem-sucedido sob a égide de Alá.

O hindu indiano, sobre seu paquiderme, ou estático em estado de êxtase no fundo de uma caverna - ninguém pode ter tanto sucesso assim.

O tibetano no lombo de seu iaque, alimentando-se de tsampa, também tem lá o seu sucesso.

Estará confiante e, rigorosamente vitorioso o americano judeu-cristão em sua limusine, referta de instrumentos telemáticos, comunicando-se com o mundo dos negócios...

Às vezes também confundimos o sucesso.

Pensemos sobre aquele irmão "letrado-ignaro", caudilho-mandatário que se apresenta nos monitores televisivos de nossos lares, dissimulando bonomia e santimônia, com a cara deslavada, ou se preferirmos: "cara de pau", ou, melhorando a singeleza do nosso vernáculo: "sem vergonha na cara"!

Com muita jactância e hipocrisia, mente descaradamente, batendo no seu peito, dizendo-se: "excelência de ilibada probidade".

Exportando para proveito próprio o produto de sua apropriação, ou melhor, roubo mesmo, que é exatamente o imposto pago pelo povo, aos principados paradisíacos fiscais.

Geralmente essa horda sem escrúpulo... está enganando-se a si própria em suas "genialidade, e generosidade hipócrita"...

É tão difícil a tradução ignominiosa à essa corja, que apelamos aos pleonasmos e redundâncias, e ainda assim... estaremos falando em sânscrito para grego.

Você, amigo-leitor, partícipe da história também, pode ter sucesso saudável no seu empreendimento, dependendo exclusivamente do seu desejo...

Seja feliz... e esperto, optando pelo verdadeiro sucesso salutar, pois sua ação versus reação produzirão um retorno brando de efeitos à sua saúde psicossomática, que estará equilibrada.

Jamais se engane, pois, todo o bem, ou mal que quisermos alcançar nos custará um preço!

Capítulo – 3 – A verdade

Outro verbete interessante é, a verdade.

Você sofreu influências mil no seu mundo pessoal, pelo qual formou a sua visão filosófica de vida, ou a sua crença, ou ainda, a sua personalidade.

Porém, existe uma verdade universal que impera em qualquer filosofia de vida: "não queira ao seu irmão, aquilo que você não quer a você".

De outra maneira, poderá obter saúde e sucesso falsos à escriba, fariseu, ou déspota.

Ao ser hipócrita, estará sendo detentor da mais grave enfermidade que avassala uma maioria, que está à mercê do deletério da cegueira mental.

"O pior cego é, aquele que não quer enxergar"!

Aquele que possui a verdadeira saúde e o verdadeiro sucesso, conseguiu a maior benesse da mãe natureza etérea, que é, a paz de consciência, ou paz de espírito.

O grande sucesso, é aquele conquistado pelo sábio consciente.

A evolução consciencial, traz no seu bojo o discernimento da ética para o sucesso da saúde integral.

O que diríamos da verdade absoluta, ou da verdadeira "verdade"?

Este tema é polêmico, pois, depende sobremaneira da pátria, na qual, você nasceu e cresceu, formando o estigma da sua personalidade, sendo você asiático, será diferente até no seu biótipo, adotando inconscientemente costumes e filosofias (verdades) da Ásia...

Poderia até, ser um canibal, silvícola de alguma tribo em extinção...

Bem... nascendo-se em Roma, tem-se uma enorme probabilidade de se ser católico apostólico romano...

Uns são católicos, outros, espíritas, evangélicos, judeus, arianos, muçulmanos, ecumênicos etc...

Então... cada um de nós tem a sua verdade!

Até em um determinado e rígido clã, seus adeptos e acetas têm as suas verdades íntimas, que se exteriorizadas escarneceriam seus irmãos.

Resumindo em poucas palavras, o saudável e considerável sucesso encontra-se na alma purificada pela compreensão do bom-senso!

Neste mundo, existem os escravos da miséria, do dinheiro, da fama etc...

Possuir o salutar sucesso, é adaptar-se à qualquer situação sine qua non, nimbado com a couraça da paz de espírito!

É de suma importância o aprimoramento de nossa meta, dentro da nossa verdade.

Que fique aqui bem claro que, a nossa verdade jamais deverá opor-se aos bons costumes da nossa sociedade...

Capítulo – 4 – A confiança

Este é um sentimento muito sério, devendo ser ponderado.

A sua expansão tradutória, é desmesurada.

Ratificando a confusão, dá-se com a confiança e a fé, meta, vontade, desejo, contumácia etc...

Confie, concentrando-se no seu trabalho com afinco, porém, com naturalidade, e pode esperar aquele fruto saudável produzido pelo sucesso da sua confiança.

Às vezes ficamos desnorteados com tantos pensamentos fluidos da nossa mente, desorganizando a racionalização dos nossos afazeres...

Temos de confiar de que somos capazes de manter o equilíbrio de nossos atos, pela ordem racional dos fatos.

Confiar, é ser generoso e nobre, pois, é conceder voto de confiança a alguém, que se sentirá feliz e honrado.

Confiar no seu Deus, no seu irmão, se faz necessário e eminente, posto que, esta nossa vida e seus bens não durarão para sempre, sendo a sua efemeridade imperiosa...

Sabedores conscientes destes fatos, pois, contra fatos não há argumentos, confiantes no futuro eterno, nosso tono moral elevar-se-á as alturas estratosféricas, dando-nos a certeza de que, atravessaremos todas as procelas e borrascas de um mar revolto, chamado vida, porém, com o vislumbre de gratificantes calmarias.

Esta afirmação onusta de dinamismo, constitui-se em uma fórmula segura para superarmos dificuldades, já que, arremete-nos a sentimentos etéreos...

Isto dá grande força ao indivíduo que, está padecendo de grande sofrimento, ou passando por tormenta.

Qualquer pessoa que tenha passado por intempestiva tempestade arrasadora, sofreu de enorme pânico, porém, depois daqueles momentos procelosos, esquece-os, quase que, automaticamente, como diz o velho adágio: "Depois da tempestade vem a bonança".

Todos os entraves que sofremos no nosso dia-a-dia, mexem com a nossa saúde psicossomática.

O ciclo natural da vida em si, é o bastante para esclarecer bem este fator: nascer – crescer – morrer... Por ele somos concitados às profundas reflexões que nos conduzirão à confiança do poder universal, do qual, fazemos parte.

Não há outra maneira satisfatória do que, aceitarmos o que temos de melhor, então confiemos no nosso verdadeiro sucesso impoluto!

Até mesmo o sucesso póstumo, nos dá a esperança de que nos fará um bem saudável à nossa alma.

Capítulo – 5 – O pensamento

O pensamento, é uma espada de dois gumes, arma mortífera e paradoxalmente ressuscitadora de saúde e sucesso, que a nós nos foi concebida para a evolução do nosso ser.

A força do nosso pensamento, é imensurável!

Ao meditarmos sobre a fragilidade de um nascituro, e nos meandros que a vida lhe reservou, ficamos boquiabertos e atônitos, pela sobrevivência de tal criatura em meio a tantas agruras e espinhos, jornada, a qual, todos nós percorremos.

Com certeza o seu instinto de autodefesa pensante, o faz bem-aventurado com saúde provinda da natureza divina.

Ao analisarmos o ciclo vital de uma planta nativa, ou silvestre, vemos claramente a mão da natureza preservando-a de maneira fantástica.

Com esta nossa explanação, estamos aludindo à uma mente maior, que rege os universos...

Se todos nós humanos, pensássemos um pouco sobre a nossa caminhada, já percorrida, desde o ventre materno até o momento atual, passamos por lugares e processos complicados... então; somente isto já nos bastaria para vermo-nos venturosos.

Deus nos fez maiores do que as dificuldades.

Você é o seu próprio pensamento!

A diferença que o homem não consegue ver, sobre a vitória, fracasso e sua mente, está no tripé:

Desejo – tempo – ação:

a) - Desejo:

O seu desejo deve ser ardente a exemplo dos provérbios:

- "Querer é poder".

– "Quem espera sempre alcança".

– "Sonhar é viver"

– "Tudo é possível àquele que crê, pois, ainda que esteja morto, viverá". Desejando com fé e paciência, a lei do sucesso natural virá cumprir o seu papel.

b) - Tempo:

Você deve esperar a natureza maturar o fruto do seu trabalho, veja bem, ao desejar colher laranja, começa plasmar a sua idéia, porém, sendo imediatista, não esperará o amadurecimento do fruto, partindo para outra idéia às vezes tisnada, prolongando a sua chegada ao sucesso.

d) - Ação:

Não se deve ficar na teoria:

- "Mais vale a prática do que a gramática"

– "A fé sem as obras, é morta".

Mãos à obra, a ociosidade faz verdadeira confusão na mente humana, o trabalho é divino – goste de trabalhar!

– Que valor pode ter uma boa idéia, se ficar apenas na cabeça do seu pensador?

Capítulo – 6 – A meta

Pense bastante antes de tomar uma decisão, e depois de tomá-la, agarre-se à ela com unhas e dentes!

Trace uma meta, e vá em frente, fixe nela a sua mente, e entregue-se à ela, desconhecendo qualquer dificuldade que se possa lhe opor, lembre-se você é sempre maior do que ela!

A vida, é um jogo generalizado, aprenda a jogar este jogo, e jogue decentemente como a um enxadrista, frente ao tabuleiro da vida.

As dificuldades legam-nos grandes aprendizados, a todo o momento deparamos com pessoas ganhando e perdendo, e tornando a ganhar, assim é o nosso cotidiano de sucesso!

A cada perda, um desafio, sempre mais uma experiência ao retorno do ganho e do sucesso.

Quando um aluno perde um ano letivo... tem de repeti-lo, porém, doravante, sendo um aluno aplicado, assimilará com mais facilidade os ensinamentos a ele agora ministrados, pela sua experiência passada.

A crise provoca criatividade e evolução!

Quantos sobreviventes de crises mundiais como guerras que grassaram o planeta, ressuscitaram das cinzas tornando-se eminentes personalidades no metiê do sucesso internacional.

A sua meta traçada pela saúde mental, ou pela mente sadia, é a maneira, pela qual, alcançará o tão almejado sucesso.

Capítulo – 7 – A culpa

Sentimento este, que avassala a nossa mente...

O sentimento de culpa empaca a nossa saúde mental, quando direcionada ao sucesso.

Às vezes deparamos com espécimes humanos apolíneo, ou hercúleo, de modo a nos fazer inveja tais biótipos, mas, no imo de suas almas existem sentimentos que os tornam desequilibrados, amargurados, ofuscados, empanados, mal-educados etc...

Novamente estamos percebendo a ação versus reação.

Então uma bela pessoa com muitos atributos físicos, porém, azeda, ranzinza, torna-se desprovida de carisma, e estando enferma, embora, esteja muito bem financeiramente, não passa de uma mente doentia e sem sucesso!

A culpa leva a pessoa subestimar-se!

A nossa filosofia de vida não é perfeita, sempre nos arrasta aos sentimentos de culpa latente e inconsciente...

Quando nossos genitores fazem pequenas chantagens para nos dominarem, começa a impregnação de nosso ego com estilhaços de sofismas, ou pequenas mentiras camufladas, afetando a nossa estima, colocando-nos em deprimente estado de espírito

As igrejas sempre lidaram muito bem com o fator culpa, quando exortam o seu redil de cordeiros maculados, porém, redimindo-se no sangue do Cordeiro Imaculado, Jesus o Salvador...

O cristão sentindo-se depurado de todas as enfermidades espirituais, principalmente das suas culpas, ou dos seus pecados, vislumbra um enorme portal se abrindo ao seu sucesso de filho de Deus.

Pratique o auto perdão, e "não chore o leite derramado", lembre-se, você é mais um ser humano imperfeito, dentre os bilhões...

Capítulo – 8 – O entusiasmo

O entusiasmo, é o carro chefe da saúde e do sucesso!

Este sentimento, é plenamente contagiante!

Entusiasmo, verbete derivado o grego que quer dizer: cheio de Deus.

O entusiasta, devidamente equilibrado, é sobremaneira carismático, elevando o moral do seu ouvinte, ou apenas com a sua presença onusta de energias benéficas...

O pseudo entusiasmado, o demagogo, hipócrita, prolixo, que apesar de miasmáticos conseguem levar uma multidão de eleitores às urnas reelegendo os mesmos sacripantas e safardanas do poder, pois, precatemo-nos dessa súcia...

Quantas asneiras ouvimos à maneira de gloriosas promessas, quando na verdade são eles ladrões... no termo literal! – Ladrões da miséria humana!

O entusiasta verdadeiro, é consciente do seu entusiasmo, divisando-o com precisão através da ética, moral e bom-senso, pois, é politizado condignamente.

Capítulo – 9 – Reviver

Ressurrecto, esqueça um pouco que você é mortal... apesar de ser realmente eterno na sua essência, e sendo eterno, tudo aquilo que lhe acontecer nesta vida, passa a ser-lhe lucro.

A grande dádiva de Deus a nós nos legada, é o dom de dormir o sono da entrega aos seus cuidados...

Deus através da natureza, mostra-nos a sua força e o seu cuidado, bastando-nos olharmos a beleza de uma flor, então podemos ver tanta perfeição, e você é, com certeza mais importante do que qualquer planta terrestre, já que tem total domínio sobre ela, podendo preservá-la, ou destruí-la...

Renove suas forças, renasça a cada instante, comparando-se com as demais criaturas do planeta, ou do mundo vegetal, as quais, são veladas pela natureza divina.

Uma criança vive o eterno momento, pois, pela sua inocência ela é atemporal.

Seja uma criança – não se preocupe com o amanhã – aja bem no dia de hoje!

Todos os santos dias, ela se entrega aos frágeis braços de sua mãe, com a máxima segurança.

Instintivamente ela está, na realidade, entregue aos cuidados do Criador, embora não saiba traduzir tais condições.

Ressuscitamos a todo o instante.

Geralmente acontece esta percepção, quando alguém está passando por grande dificuldade, e aflição até chegar à estafa plena, então entrega-se por completo á mercê de Deus, e a natureza da sua consciência lhe diz: Você fez o possível, pois, o impossível o tempo encarregar-se-á de fazer!

Pode encontrar-se nos estertores da morte, ainda assim pensará numa vida futura de sucesso eterno...

Ressurja à cada momento com força renovada, e terá sucesso integral.

O trabalho, é a terapia natural mais saudável e completa ao ser humano. Procure trabalhar com aquilo que você gosta, porém, se isso não lhe for possível. Procure gostar do que está fazendo.

Somos seres adaptáveis às condições ambientais.

A saúde e o sucesso, dependem muito de como você.

Sonhe com o sucesso, lutando contra as hostes malignas do seu pensamento, que são os empecilhos normais dos vencedores.

"Sem luta não há vitória".

Lute calmamente, sem ansiedade, faça cada instante do seu dia, prazeroso, repleto de resignação, se for o caso, porém, jamais confunda esse estado de coisa, com comodismo...

No seu trabalho elimine a auto concorrência, posto que, o seu perfeccionismo poderá levá-lo às raias da insanidade, travando lutas acirradas consigo mesmo.

Não exija o exagero de você nem dos seus subalternos!

Não produza em você mesmo toxinas, afetando a sua saúde psicossomática, que levá-lo-ão à degenerescência.

Reviva constantemente a tolerância e a generosidade!

A tolerância, é a maior conquista do homem da atualidade degradante, posto que, nossos irmãos estão perdendo suas identidades – com tanta tecnologia, estamos retornando às cavernas, somos trogloditas da era moderna.

Quando você tolera o seu irmão, está ajudando-o a tolerá-lo também, pois, ódio gera ódio e violência gera violência...

Não seja seu próprio algoz, a sua mente é muito sutil pregando-lhe peças, você raramente pára para pensar nas suas intrigas interiores, são lutas ferrenhas que você trava com você mesmo, sabe... aquela cobrança infinita do seu pensamento, do seu espírito, cobrando-lhe a perfeição, ou qualquer desejo desagradável, talvez até mórbido.

Se você for machista, cobrará isso de você, e suas atitudes serão adversas, como prepotência, da qual, já falamos anteriormente.

Isto cabe também perfeitamente às feministas, ambos os sexos pecarão pela arrogância, e atoleimada intolerância.

Não será tão simples, porque você já é um viciado em brigas interiores, mas, doutrine seus pensamentos trocando-os pelos bons e corretos.

Deixe essa guerra interior, pois, ela é sutil, ofuscando a sua visão, tisnando o seu entendimento, não deixando você enxergar essa auto violação, deteriorando a sua saúde e sucesso!

Porque quando você briga com você mesmo o seu mau-humor transparece na sua face crispada e retesada pelo ódio de você mesmo, e da não conquista de sabemos lá o quê...

Capítulo – 10 – Inversão de valores

Faça uma inversão de valores na sua mente, agarrando a autoconfiança.

Você Pode!

O poder da autoconfiança está na sua cabeça, porém, quando parte para o negativismo, começando a ver a vida como um pequeno espaço negro, aí nosso amigo, você parte para a pauleira, posto que, a sua mente cria muitas encrencas para você.

Mas... doravante você passará criar vitórias positivas, e verá a sua vida se encher de sucesso!

Falemos de pessoas de alto astral, alegres, estimulantes, eloqüentes... elas são translúcidas, suas faces produzem expressões de felicidades e de alegrias contagiantes.

Pense bem, você ouvindo algum encômio do tipo: Sentimo-nos felizes na sua presença!

Não é algo transcendental?

Então, você estará apto para avaliar a sua empatia, produzida pela sua rica personalidade.

Existe bem aí no seu nariz, aquele cara alegre, expansivo, do qual, você sente prazer e alegria de estar perto.

Mas, também existe aquele chato de galocha, do qual, obrigamo-nos a falar, por necessidade premente.

O indivíduo ranzinza demonstra no seu rosto enrijecido, a sua condição de fracassado e derrotado pelo seu estado de espírito negativo.

Se lhe for possível, retire-se imediatamente de perto de pessoas hipocondríacas, pois, somente estão realizadas quando encontram-se doentes, na realidade são eternamente deprimentes.

Mormente se você estiver consciente dessa virulência perniciosa e contagiante, pois, a maioria não se dá conta desse mal.

Sendo ameaçado por essa desastrosa doença psicossomática, terá de adotar o único antídoto existente, a poção mágica da inversão de valores.

É pesado repetir que, esse mal-estar, é semelhante ao deletério depauperante da nossa saúde...

Mas, mudando o seu pensamento, ou a maneira de você pensar, estará livrando-se dessa mazela, porém, apesar de imunizar-se, e necessitando enfrentar essa casta de persona non grata, transmita-a o positivismo.

Porém, ratificamos, se você não estiver preparado, fique bem longe dessa gente pestilenta.

Agora, se você se diz cristão, mas, cultiva ervas daninhas como o negativismo, mau-humor, arrogância, empáfia, orgulho etc...

Ficamos desconsertados com seus "dotes", posto que, o Cristo não é assim, tanto que, já mencionamos a sua gloriosa e estimulante frase: "Tudo é possível àquele que crê"...

Inverta o seu modo de pensar, ressuscite boas idéias, colocando-as em prática. - Inverta os seus valores.

O sadomasoquismo pode ser bradado por seus filósofos, porém, o ser humano está sempre sonhando com o nirvana do bem-estar.

Portanto, prevalece o sonho paradisíaco com a execração do pesadelo, lá no âmago do homem.

Repetimos: "Sonhar é viver".

Então sonhe, amigo-leitor, livrando-se dos grilhões dos seus pesadelos, produzidos pela sua apreensão mental com um futuro, pelo qual, nem sabe se vai passar.

Deus continuará cuidando de você, como tem cuidado até agora!

Podemos estar no mais profundo deletério, porém, se nos for possível vislumbrarmos um pouco de alegria e transmiti-la ao nosso próximo, com certeza a nossa dor será amenizada.

No planeta está-se gerando muitas casas de louvores a Deus, e isto não é de graça, apesar de serem mostrados somente os milagres, contudo existem os Jó's sofredores de provações e tribulações mil, como foi o próprio calvário de Jesus, que nos exortou com muitas palavras como estas: "Neste mundo tereis aflições e sofrereis por amor ao meu nome etc"...

Como o redil é imenso no planeta, onde são arrebanhados milhões de ovelhas e, sem acepções, posto que, a exemplo do Mestre, lá estão os abençoados biliardários, famosos, leprosos, aidéticos, crianças, jovens e velhos, todos movidos pelo entusiasmo, e pelo estímulo (cheio de Deus – derivado do grego) como já aventamos anteriormente. – Todos recebendo, ou esperando milagres...

Todos sentimentos etéreos, não podemos plasmá-los em biótipos concretos como amor, ódio, inveja, fé, porém, temos a convicção de que todos eles existem já que os sentimos, e como sentimos!

Então, pensar é, sonhar, e sonhar é, possuir enorme poder!

Sendo que, a inteligência humana movimenta enormes locomotivas, incluindo fascinantes naves espaciais.

Sonhar pode ser inversão de valores, pois, aquilo que você acha impossível, já que literalmente é sonho, pode inverter-se na mais plena realidade.

A vida, é um sonho verdadeiro, daí a frase: viva intensamente a cada segundo da sua existência, deixando bem claro que, ela é tão efêmera quanto ao sonho!

A nossa vida sendo um sonho, nela tudo torna-se possível, mas, neles nós nos adequamos ao fatos, da mesma forma, pela qual, nós nos adaptamos à ela.

Podemos pensar, distorcendo enganosamente o nosso pensamento, e desta maneira estarmos invertendo os nossos velhos valores.

Digamos que neste momento você esteja no seu trabalho, sendo ele qual for, procure fazer dele a sua arte, embora esteja ele fragmentado em arte ou ciência, não importa, são apenas erudições de semânticas.

Faça do seu trabalho uma arte, assim terá nele criatividade e satisfação.

A saúde e o sucesso integral, são as benesses da mãe natureza, que aproximá-lo-ão da felicidade...

Lembre-se, se a sua cabeça estiver bem, todo o seu corpo estará também.

Ao acontecer qualquer fato de relevada importância a alguém, vem logo, a velha pergunta:

- E fulano... como está se sentindo?

Aquilo que não podemos ver com nossos olhos nem apalpar com as nossas mãos, por si só são sentimentos extrasensoriais, embora, nossa redundância esteja fora do conceito natural de várias interpretações...

São indubitáveis forças energéticas invisíveis!

Temos deparados com empresário bem-sucedido, atribuindo o seu sucesso à benesse divina, reconhecendo a sua pequenez diante de Deus, assim como multifacetados profissionais de segmentos humanos.

Podemos então, apercebermo-nos da desmesurada força da fé mental, invertendo a nossa incredulidade.

A vida de sucesso profissional, é uma parafernália de compromissos, mas, o vencedor conta com a força etérea universal, através do desejo contumaz de vencer, trazendo o sucesso em seu bojo de expansão àqueles de seu convívio.

Capítulo – 11 – Delegar poderes

Delegar poderes, é muito importante à sua saúde de sucesso.

Quando você não quer delegar, achando que agindo assim estará evitando problemas... julgando-se melhor naquilo que faz do que seus supostos delegados.

Bem... isso até é bem possível, porém, todos nós falíveis necessitamos da cooperação de outros mortais.

Assim, é a nossa vida com seus erros e acertos.

Acontece que, você é quase perfeito na qualidade, mas, no mundo moderno e globalizado, no qual estamos vivendo, são indispensáveis qualidade, quantidade, bom preço, e rapidez na entrega da mercadoria e outros detalhes...

Dependendo do que você faz, ou não, terá enfaticamente de contar com apoio de robôs, telemática etc...

Ratitificamos que as máquinas, não substituirão o calor humano-carismático que, é a seta indicando o rumo ao sucesso integral.

Delegar, é confiar.

Diz-nos um trecho bíblico: "O amor tudo suporta, e em tudo confia..."

Então delegar, é amar, e amar, é lucrar, no mais profundo sentido da palavra, posto que, Deus é amor!

"Há males que vêm para o bem". – Diz-nos o antigo refrão, naturalmente que ao delegar, sofrerá algumas decepções, mas, na sua pertinácia irá se aperceber de que, o aprendizado lhe trará grande experiência deste aprendizado.

A criatividade, é dom natural, pois, quando ela começa lhe falhar, creia, é Deus em sua imensa sabedoria, permitindo que o seu caminho seja ofuscado, para que você desperte para o mais adequado, ao seu caso específico.

Não se julgue azarão, tenha paciência, e aprenda a esperar, pois, delegação é atividade mútua, "a união faz a força".

Capítulo – 12 – O ego

Somos produto no meio, no qual vivemos, pois, a maioria comunga com o seu sistema, ou com o ego coletivo de um sistema que, é o repositório de costumes e condutas que formam a sua personalidade.

Ora...ora... todos nós sabemos que, é bem mais fácil destruir do que construir, fazer o mal do que o bem...

Às vezes, pequenas críticas deixam cicatrizes por uma existência inteira...

Digamos que, um bom cantor seja laureado com um prêmio máximo de um renomado concurso e, estando vislumbrando esta carreira, pode desmoronar do seu pedestal, por uma simples frase desdenhosa dita por um já consagrado cantor.

Não se pode consagrar um profissional, desdenhando-o com despeito e inveja, se o tal não tiver embasado com estrutura escolar de viver num mundo tão estapafúrdio de hipocrisias...

Também não se pode: "agradar gregos e troianos".

Estamos tratando de força intimamente humana, pois, não se presta muito atenção neste poder sutil, que vem nimbada de várias nomenclaturas, como já aventamos anteriormente.

Mas, tudo nesta vida pode ser aproveitado, a frustração de um fracasso, pode perfeitamente ter efeito contrário, gerando no indivíduo uma obstinência incalculável, podendo levá-lo ao sucesso, porque essa força incontida mexe com o brio próprio, ou a vergonha frustradora dessa pessoa que, sai à cata do sucesso, desapontamentos dessa natureza tem elevado muitos aos píncaros da glória...

Quando somos desafiados, espezinhados, tripudiados, ficamos feridos e turbados nos nossos sentimentos mais íntimos, porém, para cada ação existe uma reação, pois, quase sempre, quando ofendidos no nosso mais profundo brio... vamos involuntariamente à desforra à mil maneiras, alias, é muito bom irmos à maneira mais saudável possível, fazendo uso do amor, e se Deus é amor, estaremos fazendo uso da maior força universal.

Não se esqueça: entusiasmo quer dizer: Cheio de Deus.

Naturalmente que, esta conotação dialética se nos parece com vingança, mas, pode ser apenas "frustração sadia".

Jamais pequemos por arrogância, ou desprezo, pois, somos muito pequenos, para sentimentos menores ainda, não façamos uso de resquícios de desajustes empafiosos...

Procure o entendimento com seus colegas, porém, há apenas uma maneira eficaz de você chegar a esse consenso, não lhe sonegue o amor, e voltamos a insinuar-lhe o estímulo...

Não lhe custa nada olhar ao seu parceiro de caminhada, como se fosse você mesmo, e o é!

Talvez, como você vê sua mãe, seu filho, seu melhor amigo, ou alguém de sua empatia pessoal etc...

Como você é enfaticamente um refletor de sentimentos, será notado como um ser onusto de muito carisma.

Comporte-se sempre com muita simplicidade, decoro e espontaneidade, pois, sendo amorável e comedido...

Estamos em busca de algum verbete, que possa traduzir o intraduzível que é, o amor!

A grande mágica do amor está na demonstração de estima que você possa expor discretamente ao seu interlocutor.

Capítulo – 13 – O estímulo

Este é um capítulo especial, é enorme a quantidade de pessoas necessitadas de estímulo, sempre foi assim, e continuará a ser;

Saúde e sucesso não subsistem sem o estímulo!

Para haver o estímulo, é necessário uma grande dose de bom-senso, o estímulo até pode ser truculento, como já conjeturamos sobre a frustração estimuladora, mas, normalmente consideramo-la mais leve, como elogios discretos e sinceros que são os melhores aos fracos e oprimidos pela lide do dia-a-dia...

Quando nascemos, somos literalmente espalmados nas nossas tenras nádegas, coisa meio esdrúxula, mas, a sua prática se nos parece necessária. – Já falamos bastante sobre a frustração que, é o grande e natural estímulo, para que superemos os obstáculos que a vida de sucesso se nos oferece.

Ratificamos: Não sonegue elogios sinceros, do fundo da sua alma...

Você sempre encontrará alguma virtude no seu irmão.

Se isto é verdadeiro... elogie-o com amor, admiração e sinceridade, mas, cuidado, saiba dosar seus encômios, não exceda, vá com cuidado e sutileza.

Enfatizemos a dificuldade:

Todos nós sofremos, semelhantemente, ou seja: os nossos problemas são mais ou menos iguais, ou muito parecidos, tanto é que, estamos sempre ouvindo frases como esta: "Deus dá o frio conforme o cobertor".

Se a prática milenar de expor esta frase é verdadeira, então se nos compara com possuidores de trunfos para a sobrevivência.

Tudo isto, é muito veraz, pois, "o sol nasce para todos"!

De modo que, provérbios populares como este, nos servem de estímulos, mostrando-nos, que não estamos a sós neste barco, às vezes encapelado, ou tranqüilo, pois, nele se encontra uma grande tripulação, portanto, você não é detentor deste privilégio.

O auto-estímulo é, o caminho que leva ao sucesso integral!

Veja-se vitorioso na sua vida, seja mais você, porém, jamais abandone a humildade!

Diga: sou capaz!

"Querer é poder".

Não se esqueça: "tudo é possível àquele que crê"!

Capítulo – 14 – Desacerto

Dentro do nosso desacerto estabelece a doença do negativismo, e até nesse estado tacanho Deus é bondoso, dando o frio conforme o cobertor àqueles que gostam de se lamuriar, como são os casos dos masoquistas e hipocondríacos, que a nós se nos parecem estar felizes somente quando estão doentes, ou com suas dores...

Bem... não há de ser o seu caso, mas, desculpe-nos a franqueza, pois, se você se acha filho de Deus então há de ser muito feliz, posto que, nada sobrepuja tal magnitude!

"Mente sã em corpo são."

Esta antiga frase, demonstra-nos que o desacerto físico pode afetar a mente, e que o mental pode deprimir o físico causando transtornos infindáveis, e para concluirmos esta verdade, basta-nos, visitarmos os manicômios.

O nosso deletério encontra-se no nosso painel de controle emocional, que é a nossa mente, governanta do nosso corpo físico e de nossas atitudes.

Quantas vezes ouvimos que, fulano tem cabeça fraca, naturalmente indicando que, se a mente não for boa, com certeza o corpo também não será.

Temos de ajustar nossos pensamentos, se quisermos acertar o nosso sucesso vital.

A nossa redundância dialética nos leva a uma necessidade de adentrarmo-nos num estado de espírito pacífico, ou de uma mente em paz, com pensamentos controlados.

Esta é a maior meta latente no ser humano, embora em total inconsciência, procura-se paz de espírito na matéria densa e viscosa...

Ao analisarmos frases de luminares da humanidade, concluímos que, eles ensinaram da maneira mais profunda e simples para se achar a paz, que é a riqueza mais contundente, e que poucos mortais tiveram o privilégio de se aproximar dela, através do amor.

Quantas vezes lemos no evangelho de Jesus: "A minha paz vos dou, não vô-la dou como o mundo vos dá etc"...

Ouvimos também, pais amoráveis alentando seus filhos com palavras assim: Fique em paz meu filho, confie em Deus, Ele proverá todas as nossas necessidades...

Como que, em se ficando em paz eximisse-se de todas as mazelas da vida.

Não temos a intenção de fazermos aqui uma cartilha cartesiana de sucesso.

Apenas vamos delineando ocorrências práticas do nosso cotidiano.

Veja você, amigo leitor, quão grande desacerto é, quando a degenerescência mental vislumbra um futuro conflitante, o qual nem sequer sabemos se existirá...

Que maneira estapafúrdia é essa de vaticinarmos um futuro negro para nós.

Pois, são os já conhecidos pesadelos do negativismo...

Procure se acertar consigo mesmo!

Capítulo – 15 – O hábito

Mudar de hábito, costume, tabu, que são sinônimos de condicionamento mental, é uma questão de puro aprendizado, às vezes conhecido por conversão.

Um viciado, perdido no seu mundo destruidor ao ser doutrinado por um eloqüente evangelizador, pode mudar radicalmente a sua postura perante a vida, pela persuasão e conversão.

De modo que, não sabemos quase nada sobre esse mecanismo psico-espiritual, apenas podemos confirmar mudanças de personalidades, fantásticas.

Então vemos miraculosas transformações e resoluções nas atitudes humanas.

Ao você insistir nos pensamentos negativos, plasmará esses seus pensamentos, acontecendo da mesma forma com os positivos.

A história tem nos mostrados fatos milenares, de pessoas extremamente negativas, que esperaram desgraças, e receberam-nas.

Jamais se esqueça de um fator muito importante e verdadeiro, você quando dorme sonha constantemente, e lembra-se muito pouco dos seus sonhos, porém, não deve ignorar de que eles ficaram impregnados em seu subconsciente, e que irão refletir no seu dia-a-dia.

Se você se achar habitualmente derrotado, ao dormitar continuará a sonhar com o derrotismo, consolidando-o, impregnando-o cada vez mais no seu âmago.

Esse mal cultivado ao seu estado de espírito, deixá-lo-á um verdadeiro trapo humano em busca de subterfúgios nas maldições contra a vida que está levando.

O hábito da preocupação pode ser confundido com fatalismo, pelo qual, o indivíduo se preocupa, porém, não toma nenhuma decisão, dizendo: que seja o que Deus quiser.

O fatalista habituou-se a entregar seus problemas nas mãos de Deus, para que Ele os resolva, acostumando-se assim com as dores dos aborrecimentos do ócio, como fora um vício.

É inegável que, o uso de uma droga qualquer no seu início não é muito confortável, o primeiro gole de uma aguardente desce queimando até a alma da pessoa, porém, os demais a ficam deliciosos até a chegada do desastre acérrimo.

Cultive os bons hábitos.

Capítulo – 16 – A monotonia

Quebrando a monotonia tradutória de verbetes, peço a sua licença, trocando até de pronome pessoal para relatar uma pequena história de minha vida.

Quando ainda muito jovem, porém, casado e pai de uma filha, tendo de deixar a casa de meus pais, e aquela situação constrangedora muito me assustou, e doeu-me no peito, pois, tendo de deixar minhas amadas, esposa e filha recém-nascida, bem como meus pais etc...

Como leitor praticante dos evangelhos cristãos, abri aleatoriamente a Bíblia com o fito de receber alento, pois, estava deveras conturbado...

Ao abri-la deparei-me com o livro de Josué, 1:9, que diz: "Sê forte e corajoso, não temas nem te espantes porque o Senhor teu Deus é contigo por onde quer que andares".

Imagine amigo leitor, o lenitivo formidável para a minha angustiante situação, ler e guardar no meu coração aquele verseto...

Explicitando-me melhor, naqueles dias fui compelido contundentemente a tomar uma drástica decisão, sendo sócio de meu querido pai, em um pequeno negócio familiar, numa cidadela interiorana.

Resumindo, aquele pequeno negócio da família fracassara, e vi-me em palpos de aranha, tendo uma família para sustentar, e sendo muito jovem, e sem experiência de vida.

Parti sozinho rumo a uma das maiores megalópoles do planeta à procura de um emprego, fato peculiar ao ser humano.

Atribuo à infinita bondade divina que me fez ler aquele versículo, dando-me força para triunfar.

Vivia num paraíso, uma pequena e bela cidade, jamais pensei em mudar-me de lá, porém, tive de aprender que na vida tudo é mutável, nada permanece estático, sendo isto muito elementar, posto que, a vida em si já nos ensina a sua evolução mutável.

De maneira que, somente há progresso através de ebulitivas transformações vitais.

Esqueça o seu passado monótono, pois, "águas passadas não movem moinho", o futuro é infinito e, muitos ensinamentos e aprendizados nos esperam, mesmo porque, a todo o momento estamos criando situações para que assim seja.

Recordar o passado, é sofrer duas vezes, se você recordar dos seus sofrimentos, estará sofrendo e, se for dos bons dias passados, poderá sofrer por não tê-los no presente momento.

Quem fica atrelado ao passado carrega um enorme fardo de ônus sem causa presente, em simples palavras, o que passou, passou!

Não se apegue às velhas e caducas lembranças amargas, que para trás ficaram e, não voltam mais, a não ser no seu sofrimento mental.

Tanto o passado como o futuro são de cunho virtual, a menos que você plasme-os através da poderosa força mental, que é o seu pensamento inerente aos tempos aqui referidos.

É muito chato a repetição monótona de fatos passados, em eternas e canhestras repetições de sofrimentos e derrotas.

Ollhando ao bom futuro, preconizando-o, a tendência, é a de criá-lo através de novas atrações, renascer, é o nome, pois, a vida é constituída de renovações constantes.

Você deve evoluir em novas experiências.

Medite profundamente sobre a sua causa, no afã de produzir um ótimo efeito almejado por você, pois, esta é, a tônica da saúde e do sucesso.

Seja obstinado não dando atenção às críticas medíocres, que você ache, sejam elas destrutivas.

Capítulo – 17 – A aposentadoria

Muitos aposentados carregam no seu âmago amargurado, as pechas de inválidos, rejeitados, inúteis, ociosos, e por esses malgrados adjetivos sucumbem, com alguns meses, ou anos de torturantes aposentadorias.

Quando deveria ser ao contrário, já que, esses aposentados cumpriram longos anos de trabalho, afixando em suas folhas profissionais o cunho de lealdade e honestidade, que são suas marcas registradas.

Mas, a nossa velha mente vive nos pregando peças.

O conceito, aposentadoria, marginaliza o aposentado...

O aposentado que se preparou, administra a sua auto-estima, fazendo se respeitar em qualquer setor da sociedade.

Ratificamos: o maior inimigo do homem é, ele mesmo, induzido pelos seus falsos pensamentos.

Ora bolas... pensar é muito fácil, difícil é, separar o joio do trigo, em outras palavras, o maior desastre humano, é o seu ócio pensante, pois, aparenta ser ócio, porém, maquinando o mal trabalha incessantemente na crueldade e seus derivados...

O aposentado por tempo de serviço, deve vislumbrar o seu grande privilégio, pois, além de ter cumprido com a sua gloriosa missão, está dotado de cabedal de experiências mil.

Existem múltiplas opções ao aposentado, podendo ser seu próprio patrão, com toda a sua experiência de vida, ou quem sabe... encaminhar-se ao bem-aventurado altruísmo no auxílio ao seu irmão por pura filantropia.

Mesmo tornando o seu mundo renovado, usará suas experiências na criação de novos fatos do seu dia-a-dia, saindo da cansativa mesmice.

Portanto, sendo você aposentado, ou quando o for, saia do pragmatismo, livrando-se do estigma de aposentado.

Medite constantemente na sua necessidade premente de continuar ativo e útil, como fora a vida toda.

Mude a sua óptica, saindo do lugar comum de aposentado, você tem muito a dar, deixe os parasitas do povo, pois, eles receberão seus quinhões...

Faça a sua parte e seja feliz.

Seja um aposentado trabalhador!

Capítulo – 18 – A imagem

A imagem, é o cartão de visitas de pessoas físicas e jurídicas na conservação de seus sucessos...

Este tema é de relevada importância, pois, a primeira impressão dá o impacto positivo, ou negativo, liquidando-o, ou conservando-o...

Preservá-la é de imperiosa necessidade ao sucesso!

Tenha pontualidade britânica!

Não seja displicente!

Não dê furo nos seus compromissos!

Preste atenção, como é óbvio, construir é difícil e destruir é fácil, então você levará um longo tempo para conquistar o seu prospecto, ou a sua amizade, porém, uma pequena negligência porá a perder um grande tesouro, que poderá ser o fruto dessa conquista.

Cumpra à risca todos os seus compromissos!

Neste capítulo, você encontrará muitos quesitos para melhorar a sua imagem, ou piorá-la.

Ao queimar a sua imagem diante do seu cliente, estará desperdiçando uma bela carreira.

Ao recuperá-la ficarão cicatrizes do passado, e muito pior será a recidiva irrecuperável.

Sintetizando, desde a nossa aparência pessoal às nossas atitudes ilibadas, às nossas ferramentas de trabalho, nosso marketing etc... São fatores indispensáveis ao sucesso integral.

Não faça promessa que não possa cumprir, seja sincero e autêntico, sendo espontâneo estará ganhando a confiança do seu contato, porém, existem pessoas maldosas e indiscretas que na gíria são tratadas como: queimação de filme, sendo imprudentes, descomedidas, alcoviteiras, mexeriqueiras etc..

São pessoas fadadas ao fracasso, você pode ser extrovertido à beça, mas, tenha "desconfiômetro", medindo suas palavras e atitudes...

Capítulo – 19 – A atualização

Não fique estagnado, acompanhe o progresso, a mídia é extremamente capaz de informá-lo.

Temos jornais, revistas, rádios, televisões, computadores plugados com o planeta, de modo que você não precisa sair nem do lugar para se atualizar e estar bem informado.

Leia livros de auto-ajuda, existem muitos deles que irão mudar radicalmente a sua maneira de ver a vida, de pensar e agir.

Seja um prospector à cata de informações, sondando com sutileza a vida do seu prospecto, e sempre irá encontrar uma necessidade a ser suprida, e você será o mediador de seu contato, podendo ser o fio da meada para o seu sucesso.

Ao se manter atualizado, não temerá as perguntas sutis do seu cliente, responderá mansamente, com o equilíbrio da autoconfiança demonstrando ser um profissional competente.

Ao expor seus conhecimentos com singeleza e humildade, será deveras contagiante e cativante.

Se o seu cliente tiver potencial, sonde-lhe até o imo d'alma, saiba tudo sobre ele, porém, com precaução e perspicácia.

Faça um profundo estudo sobre o seu mundo social e pessoal, se isso lhe for possível, e logo encontrará o ponto crucial do seu problema, o qual terá enfaticamente de resolvê-lo...

– Como?

– Bem... use a sua criatividade!

Cujo assunto irá tratar com consciência e muito carinho, ajudando-o a lhe ajudar!

O caminho do verdadeiro relações públicas e humanas, é o de ser solidário, pois, se assim proceder estará nos meandros do sucesso.

Estando bem informado, estará aproximando-se do progresso!

Conheça a telemática, que será de extrema valia na sua atualização, pois, o mundo globalizado corre vertiginosamente em progressão geométrica, e isto coloca você nesta corrida também.

Capítulo – 20 – A racionalização

Racionalize a sua vida, de modo, que tudo aconteça no seu tempo certo.

Organize seus papéis, arquivando-os de maneira impecável, poupando-lhe tempo.

"Tempo é dinheiro".

Organizar-se, é Ter domínio e visão sobre o seu mundo generalizado, através da disciplina.

Não adie o seu serviço, faça-o agora, se lhe for possível.

E para todos estes atributos sugeridos neste livro, você terá de ter saúde psicossomática, para galgar os degraus de seu grande desejo, seja um atleta, o pódio lhe espera!

Portanto, para você ser produtivo, terá de ser bastante organizado, a disputa atual é ferrenha, e vencerá o melhor.

Mas, não se apoquente, sempre foi assim, e sempre terá um lugar para você que é persistente, e faz o seu trabalho com obstinação sem concorrer, pois, a sua vitória virá sem dor e por canais naturais, então não haverá páreo para você.

Referimo-nos ao melhor, é bom que se diga: há conceitos de valores, de repente o melhor é o eclético, ou simpático, eloqüente, enfim... aquele que convence.

No mundo atual da robótica e informática, é muito bom que se seja sincrético e versátil.

Você pode ser dotado de muitas qualidades, porém, se não for bem organizado, não progredirá por muito tempo, acredite.

Imagine-se diante de uma situação premente, e o seu "superior" lhe pedindo aquele contrato de suma importância para o fechamento urgente de um grande negócio, e você não localizando-o...

Realmente é uma situação hilária... – Não é?

Normalmente o sujeito desorganizado, é aquele que se diz de memória privilegiada.

Ter boa memória é uma questão de interesse.

Se você fosse premiado com alguns milhões de dólares, e lhe dissessem o dia, a hora, os minutos e até os segundos do dia, no qual, você fosse receber a grana, você se esqueceria de algum detalhe?

Ou, você acha mesmo que, um condenado à câmara de gás, é capaz de esquecer o dia da sua condenação?

Então se você quer memorizar alguma coisa, torne essa coisa importante para você e, jamais a esquecerá!

Também, seria ignorância de nossa parte, decorarmos listas telefônicas, pois, para isto ela mesma já é o registro geral para ser pulsada, lida, para isto existem memórias eletrônicas etc...

Já falamos sobre a criatividade, que indubitavelmente, é o futuro maior para o sucesso, porém, sem a racionalização não lhe sobrará tempo para você criar.

Aliás, ter boa memória, poderá lhe custar o título de decoreba, e você não vai querer carregar essa pecha de adjetivo pejorativo... – Vai?

Então comece a ser criativo, racionalizando a sua vida!

Capítulo – 21 – O gasto

Este fator está relacionado diretamente com a sua imagem, pois, gaste somente aquele valor que lhe for permitido pelo seu orçamento, com certeza não gostaria de ser mais um inadimplente fracassado.

Comprar a prazo implica em muitas conseqüências, que podem ser vantajosas, mas também... muito desastrosas, se não forem bem planejadas.

Se você não saldar seus compromissos em dia, estará maculando a sua imagem.

Às vezes se é inadimplente involuntariamente, não sendo esta a intenção, infelizmente, boas intenções não pagam dívidas.

E, o sistema é implacável, jamais interessando pelos problemas dos endividados inadimplentes.

Somos concitados a adquirir bens de consumo a todo o tempo, pela mídia que, como uma britadeira de alta rotação está a martelar o nosso miolo mole, adentrando os nossos lares aleatoriamente à cata de milhões de incautos.

A função destas escritas, é a de lucrar, no entanto, temos de colocar a nossa massa encefálica para funcionar no elã de ganharmos pelos nossos méritos.

Havemos que possuir uma consciência lógica, pois, repisamos: ganhar é bem mais difícil do que perder!

Ganhar é difícil, e gastar, sobremaneira fácil!

Aquilo que você levou decênios para amealhar ou construir, pode ser derribado em segundos!

Semelhantemente a implosão de um arranha-céus!

Não estamos radicalizando, não...

- Pois, para que serviriam amontoados de ouro guardados em refratários cofres, sem a mínima utilidade?

Gaste, porém, com consciência, não desperdice nada!

Capítulo – 22 – O trabalho

O trabalho fez o homem e a mulher subsistirem pelos milênios afora...

Pode existir palavra mais antiga e desgastada do que esta: - trabalho?

No entanto do ócio não se ouve falar.

Pois, o ócio não produz... e o trabalho cria e produz pela eternidade!

O bem natural do trabalho é, imprescindível à nossa vida, como a água e o oxigênio, elementos químicos naturais, sem os quais não haveria vida no planeta.

A bem da verdade, ninguém pratica o ócio plenamente nem mesmo o apoplético.

A mente humana, nunca pára de pensar e criar, pois, este fato é uma constante!

O trabalho torna-se legítimo, quando você, profissional, está exercendo a função que lhe apraz!

Mas, nem sempre é possível fazer aquilo que se gosta... aí então... precisa-se gostar daquilo que se faz.

Qualquer trabalho pode ser prazeroso, adaptando-se a ele.

Analise seus companheiros de trabalho, e verá alguém satisfeito com o que está fazendo, e se você descobrir a causa dessa satisfação, será bem possível a você descobrir empatia pelo referido afazer.

O ser humano, é extremamente adaptável, procure ajustar-se com a vida e com o mundo.

Bem... em última hipótese, procure fazer realmente aquilo que você gosta, e vá em frente, mesmo que, nada lhe renda financeiramente, atentando para a antiga frase: "Mais vale um gosto do que dinheiro no bolso".

Jamais ab-rogue seu gosto pelo trabalho, o qual é sinônimo nobélico de satisfação e prazer.

Ele está incubado em você, ele fez você nascer em trabalho de parto, depois se deu em trabalho para suas babás, e você deu muito "trabalho" aos seus progenitores, e aí por diante...

Tornou-se até um verbete ordinário e banal: "Como fulano dá tanto trabalho aos seus pais".

O nosso cotidiano não passa de mais uma meta para se cumprir, pois, não há outra maneira, a vida é esta, e nada podemos fazer senão gostar dela e trabalhar por ela.

Quem está neste momento escrevendo estas linhas, talvez insulado no mais recôndito e profundo degredo... envolto com as palavras, encontrando-se referto de prazer, por amar infimamente as escritas.

Aquilo que é tédio para uns, pode ser paz e alegria para outros.

É tão somente, recordarmos dos aposentados que, entram em depressão profunda por sentirem falta de seus "enfadonhos" trabalhos, os quais, praticaram por longos períodos de suas existências, no afã de provarem suas utilidades.

Na realidade a nossa vida de sucesso assemelha-se a um pêndulo, num vai-e-vem interminável de oscilações e nuanças adversas.

Simplificando, cansar e descansar é a realidade de viver.

É extremamente necessário cansar a mente e o corpo, para depois descansá-los...

Sem estas duas ações, estaríamos atrofiados pelo sedentarismo psicossomático, sucumbindo em deletério pleno, totalmente em direção ao aniquilamento.

Tudo se movimenta no universo...

Somente há vida pelo trabalho e descanso...

Um grande detalhe: mesmo que você esteja inerte à postura de um morto, suas moléculas e átomos, estão em pleno trabalho!

Capítulo – 23 – A visão

Não seja chato, ame o seu irmão, vendo-o com profundeza d'alma, procurando entendê-lo na sua maneira de pensar, respeitando a sua verdade.

Respeite a sua maneira de ver e de entender, pois, estará ele pensando e agindo à sua maneira, segundo à sua sabedoria... ou você pensa que somente a sua maneira de pensar é a verdade "verdadeira"...

Se o seu irmão, for também seu cliente, bote um refrão antigo na sua cabeça: "O cliente tem sempre razão"!

Esta, é a tônica do bom negociante, tudo tem razão de ser, sendo assim, temos fortes motivos para sermos diferentes.

Gosto não se discute!

Se você quer ser vencedor, procure entender o seu interlocutor, e terá o charme carismático de um verdadeiro relações públicas de sucesso!

A paciência impera neste contexto, na espera para entender os anseios do seu contato.

Enxergar pela visão de terceiros, é bastante significativo e inteligente.

Dance conforme a música!

Tudo, não pode ser conforme desejamos, pois, se assim fosse, seríamos uma turma de robôs!

Também, não sejamos extremistas, a ponto de acordarmos com atitudes calhordas de nossos semelhantes, mas, é bom pautarmos antes de criticá-lo.

Por acaso, seríamos diferentes dele, estando na sua pele?

Não fujamos da ética e do padrão social da nossa sociedade, pois, seria burrice da nossa parte!

Não seja racista nem descrimine gostos e personalidades, alheios...

Capítulo – 24 – A tolerância

Tolerar, é sublime, o planeta está enfermiço, de modo que, você sendo tolerante não deixará margem para crítica do seu comportamento ao cometer seus deslizes...

Existe aquele cara chato, intragável, prepotente e "dono dos universos", ainda assim suporte-o com amor e fineza, de maneira que ele venha sentir simpatia por você.

Esta pode ser a grande chance do seu sucesso, pois, dando amabilidade a esse chato de galocha, poderá estar fazendo algo inédito... poderá ser uma atitude auspiciosa, porque você estará sendo a própria tolerância encarnada, aliás, aproveitando este gancho, leia uma mensagem especial que fizemos para você:

VOCÊ

Deixe as velhas lembranças, você é impar!
Nada no universo, é igual a você.
Se lhe clonarem até os átomos, ainda assim, você, é você!
Você é feito aço, sendo o seu clone perfeito...
Mesmo assim, não há jeito, não podem ocupar o mesmo espaço!
Tolere, não seja astro, de Jesus siga os passos.
Pois, você é igual a outros aços, seja um irmão entre abraços.
Ao relembrar com tristeza do passado, beleza...
Faça a gentileza, vá à sua mesa e, conforme-se irmão.
Desmesurada fartura, quanta doçura e migalhas no chão.
Que enorme benesse é, ter um tugúrio em pé!
Apenas um teto, muito carinho e afeto, algumas peças de roupa, rotas,
uma ração diária, e muita paz na consciência, que sobejar imenso!
Cinja-se de tolerância e paciência, deixando a tristeza intensa, eis a recompensa...
Condicionamento endógeno-mental, nimbe-se de alegria total.
Ao sonhar com seu amargo presente, retrocedendo ao passado, dê-lhe um presente:
Olhando ao seu lado, verá presente o seu guia, o qual lhe foi indicado!
Vá em frente, não se atrele à nossa cacofonia. Mas, por ironia, verá aquele seu guia,

Rojando ao rés do chão, noite e dia, lá vai o seu astrolábio, com sorriso nos lábios, seu cambaio irmão!

Apesar dos pesares, sons odoríficos nos ares – emoções!

Nos quadrantes da terra, nos cantos das bocas, e que não são poucas, esboços de sorrisos se encerram com cantos de glória, às vezes em plena guerra, passam traçando histórias.

Assim é a vida, singrando prejuízos, sangrando feridas.

Mas, você é de aço, paradoxo do espaço!

De tudo, você nada é, de nada, você tudo é!

Você é João, Você é José, mas, em compensação, também é Javé!

Peça ao Maior sua peça de teatro, peça depressa, não seja parco nem do palco da vida, palhaço.

Pois, ela foi dividida na vida e na dívida de cada ator.

Sê forte homem de aço, não despeça a sua peça, represente-a com ardor!

Amigo desaparece, parente lhe esquece. – Será pelo dinheiro?

Sê você, companheiro, achegue-se ao travesseiro, sonhe sonho alvissareiro, e não pense em besteira, mas, morra na masmorra do amor!

Veja a sua importância, sem empáfia, ou arrogância, pois, aplica a tolerância na alegria ou na dor.

Você é o avesso, do travesso é o inverso, com certeza o poeta está certo, você é o próprio universo!

Disto tudo esteja esperto, não somos lisonjeiros, pois, amamos-lhe companheiro!

Capítulo – 25 – O sorriso

Este Dom divino que todos nós recebemos, quando espontâneo, é a manifestação do amor universal.

É imprescindível à nossa alma, como o oxigênio para nossa vida.

Quantas vezes ouvimos dizer que, rir desopila o fígado, a nós nada nos custa sorrir ao nosso semelhante, até por educação, e por obrigação de sermos afáveis.

Ao você se encontrar com um ente querido, ou com um amigo, logo seu coração e seus lábios se abrem em sorrisos de alegria e prazer... por haver se encontrado com alguém de sua mais alta estima pessoal.

Para você conseguir sucesso, terá de sorrir inexoravelmente!

Não é necessário ser escandaloso a ponto de mostrar suas amígdalas...

Dê apenas um sorriso onusto de alegria e satisfação, pois, já será "persona grata" junto do seu interlocutor.

Existem muitas maneiras de sorrir, porém, estamos tratando do sorriso impoluto, imaculado, inocente e puro, aquele de simpatia e amizade.

Vamos objetivar os sentimentos saudáveis de sucesso pleno, deixando a semântica, e mil interpretações, pois, somente a simplicidade elevará o bem-aventurado ao carisma do sucesso integral.

Não há como ser uma pessoa de sucesso, sem o sorriso.

O sorriso pertence ao entusiasmo e ao estímulo!

Você jamais verá um sorriso verdadeiro, estampado na face de um sorumbático, ou meditabundo!

O indivíduo macambúzio, é triste por natureza, e olhe só, quantos adjetivos esdrúxulos são atribuídos àqueles que não sorriem!

Ao sorrir, você estará conservando a saúde epitelial da sua face, ou seja, da sua pele facial.

Com certeza, estará economizando a rugosidade do seu belo rosto.

Enquanto, estiver triste, estará crispado, retesado e produzindo as pestilentas toxinas bem próprias do mau-humor!

Por que os programas humorísticos fazem tanto sucesso?

Por fazerem as pessoas rir, desopilando seus fígados, eliminando toxinas, e fazendo-as esquecer dos seus sofrimentos diários.

Sorria, e faça o seu irmão feliz!

Capítulo – 26 – A frustração

A frustração mostra-nos aquelas duas facetas importantes:

a) Desejo incontido de auto-afirmação...

b) Depressão profunda, indo da depressão à demência...

Auto-afirmar-se é a maneira pela qual, podemos progredir em vários setores de nossas vidas.

Quando um pai humilha um filho ainda muito criança, poderá criar na sua personalidade um enorme desejo de auto-afirmação, querendo provar ao seu ídolo progenitor, que no íntimo de si existe muita capacidade.

Então se estabelece um vínculo muito estreito com o sucesso, não muito sadio do ponto de vista consciencial, porém, muito normal aos padrões humanos.

Haja vista, quanta concorrência trava-se entre filhos, irmãos e pais...

Estes sentimentos não devem ser expostos no nosso cotidiano, mesmo porque, "roupa suja, se lava em casa".

Se você, ainda não estiver curado dessa enfermidade, faça o possível para ela não transparecer.

Lembre-se, espontaneidade nada tem a ver com frustração exposta.

No entanto, a própria vida encarregar-se-á de permitir que fustiguem-nos para que reajamos às lutas do dia-a-dia do nosso aprendizado.

Bem... a depressão profunda, é mais calamitosa, podendo provocar conseqüências graves, pois, o indivíduo inconformado e irascível, é acometido em sua saúde plena, trazendo em primeiro plano perturbações mentais, e na seqüência, gástricas, estomacais, intestinais, chegando à hipertensão arterial, causando-lhe rupturas em seus vasos sangüíneos cerebrais etc...

Este tipo de frustração profunda, pode ser a causa de muitos genocídios, como já causaram os déspotas deste mundo insano.

O frustrado doentio, fica encasquetado com idéias insanas, indo à via de fatos, cometendo suas atrocidades, como foi o primeiro homicídio de que temos conhecimento, Caim matando o seu irmão Abel.

Frustração, um verbete que nos arremete à tantas sinonímias camufladas como a inveja, despeito, vingança, raiva, ódio, ciúme, e estes sentimentos culminam no então primeiro crime, cometido entre nossos ancestrais, filhos de Adão e Eva...

Este assunto, é tão sério, que encontramos nos Evangelhos: "Não se deixe pôr o sol sobre a sua ira".

Capítulo – 27 – A crença

Ninguém fica livre da crença, ou da fé em alguma força invisível e superiora à nossa.

Como se um ateu, dissesse: Graças a Deus, sou ateu...

Quando você pensa numa ação, e sai à sua prática, instintivamente creu na possibilidade de concluí-la.

Vamos repetir a fala do Mestre Jesus: "Tudo é possível àquele que crê".

Sendo a sua causa justa, e se você crer que irá ganhá-la, pois, sem dúvida, você optou por uma crença positiva, posto que, aquele que crê na injustiça, poderá conseguir seus maldosos, porém, efêmeros intentos, mas, o retorno será rápido e implacável.

Os bons empresários, o bons vendedores, enfim, os bons profissionais são dotados de otimismo e honestidade.

Até na televisão, sendo a mídia massificante, com hipocrisia, ou sinceridade, lá estão os animadores com entusiasmo e alegria, então você não poderá fugir à regra, se desejar o sucesso.

Crendo que a sua vida será cada vez melhor, assim será... Amém!

Capítulo – 28 – O respeito

Todo o ser humano é vaidoso, poucos despojam-se da vaidade, na realidade, pouquíssimos.

Orgulhamo-nos da nossa família, dos nossos filhos, da nossa pátria, do nosso clã, como se fossem os melhores do mundo...

Assim, muitos estudam uma eternidade para poderem ostentar suas vaidades, seus títulos, suprindo suas frustrações pessoais.

É de bom alvitre que, não se trate com intimidade essas pessoas, a menos que sejam íntimas mesmo.

Aliás, todos os jovens, crianças, e anciãos devem ser tratados com muito amor e respeito.

O verdadeiro respeito, está na nossa consideração sincera pelo nosso irmão, pouco importando-nos a sua filosofia de vida.

Somos semelhantes, com problemas de ciclo vital.

Não somente as potestades, bem como qualquer cidadão, sem a menor acepção, devem ser respeitados na mais alta estima.

Amigo leitor, mesmo quando tripudiado, não perca o equilíbrio, mantendo o respeito como o auto respeito!

Estude a titularidade das pessoas, ou pergunte se estiver em dúvida, mas, não cometa a gafe de chamar um capitão, de major...

Não troque os nomes das pessoas, pois, elas não se sentirão bem, sendo confundidas com outras.

Não adentre uma sala sem se anunciar, pedindo licença.

Estamos tratando de assuntos elementares, porém, de relativa importância ao convívio do ser humano.

Capítulo – 29 – A fadiga

Descansar, é preciso, você não é máquina desprovida de sentimentos, portanto, deverá entender que, o descanso faz parte do seu sucesso e da sua saúde.

Não se deixe vencer pelo excesso de trabalho, você deve trabalhar para tirar proveito do seu fruto.

Existem técnicas milenares para você se restabelecer do cansaço físico e mental.

Esteja sozinho no recôndito que lhe apraz, e imagine que a sua mente possui dois níveis naturais, um deles é ativo, trabalhador, e agitado como a superfície do oceano com suas tormentas, e o outro nível, é de profunda calmaria, como é a profundeza dessa mar, onde você mergulhará em introspecção para encontrar-se com a paz e com outra sabedoria, a da sua alma.

Assim como a natureza oceânica, é a sua mente-corpo, que necessitam destas duas fases de energias, ação e calmaria, ou trabalho e descanso.

Pois, assim é, a sua mente poderá, como que num toque de mágica, ir às profundezas de níveis mentais muito tranqüilos.

Confúcio, Maomé, Jesus e outros iluminados, conheciam bem este assunto maravilhoso.

A ignorante maneira de pensarmos, poderá nos trazer conseqüências fatais.

Ao se preocuparem com o amanhã, muitos tornaram-se diabéticos com fatal rapidez, e desnecessário é, explicarmos aqui, as desastrosas seqüelas deixadas por esta enfermidade, bem como mazelas por enfermidades de ordem psicossomática.

De que lhe valeria todo o sucesso e riqueza desta vida, se você fosse portador de perturbações esmaecedoras de sua saúde integral?

Então trabalhe com prazer, alegria e responsabilidade a cada dia, porém, saiba buscar o descanso relaxante.

Capítulo – 30 – A criatividade

Este capítulo tem muito a ver com o descanso meditativo.

A criação, é infinita como o próprio cosmos!

Já aventamos que, nada é igual a nada, existe apenas a congruência, ou semelhança, podemos entender que, em tudo e em todos está a criação perpetuando o universo, do qual, tudo faz parte.

Doravante presenciaremos máquinas fazendo quase todo o serviço humano, então há de prevalecer sem precedente na história da humanidade a criação da mente humana.

Infelizmente viveremos a hecatombe do desemprego, como já está evidente nos dias atuais, até que os poderosos se conscientizem de que os marginalizados da sociedade, serão belicosos armados tecnologicamente para saqueá-los, torturá-los, e até trucidá-los literalmente, como já vimos esse filme antes...

O mesmo vento que venta aqui, assopra lá!

Sendo a mente humana inteligente, e criativa, insere-se neste contexto os descriminados da sociedade, portanto, tornar-se-ão poderosos da informalidade social, e irão criar situações horripilantes e assustadoras aos homens do sistema formalizado.

Deparamos com o poder criativo da mente humana em qualquer ala da sociedade.

Essa fase passará quando houver um pouco de justiça social, apoiada no controle demográfico da natureza geral.

Resumindo este capítulo, queremos dizer que, sobrará ao homem do presente-futuro a criatividade como meio de sobrevivência.

E para este saudável sucesso, há de se meditar profundamente, para que se aflore a criação latente em cada mente humana.

Mas, enquanto estamos no intróito desse futuro, preparemo-nos em busca da criação.

Pensemos em relacionamento humano, posto que, o calor humano é, realmente insubstituível.

Todos os afazeres relacionados com pessoas, serão bem-vindos, creia!

Lazer, esporte, religião, congresso, venda direta, e afins devem ser olhados com carinho no presente e no futuro.

As artes se inserem num setor especial, posto que, robô não faz arte!

Arte, sentimento e Dom formam a trilogia mágica da vida do homem, desde a arte rupestre, de há 21.000 anos até o momento histórico, aí está ela presente!

Este tripé fantástico para o sucesso, a arte em si, é sedutora sobremaneira.

O sentimento humano é extremamente envolvido pelas artes.

O Dom, é benesse divina, pois, há o artista nato.

Porém, acreditamos no esforço do ser humano para descobrir a sua arte, porque, todos nós possuímo-la por natureza divina.

A arte de viver, prova que, todos nós para sobrevivermos temos de driblar situações dificílimas com ginga de craque.

Arte, também é lapidável!

Como a arte é, forma de manifestação de expressão, existe uma infinidade de manifestações artísticas.

Você pode manifestar-se desde calígrafo a eloqüente orador, passando pela escultura ao canto mavioso de tenor lírico etc...

Vender, é uma arte e tanto, este artista tem de ser eclético profissional, executor de sete instrumentos, ou seja reúne em si um cabedal de arte e ciência...

Seja elástico na arte de representar, pois, o seu irmão necessita sobremaneira disto, para ser ajudado por você.

Controlar emoções, para externá-las nos momentos certos, é a verdadeira arte para o sucesso!

O comportamento emocional fará a grande diferença entre você e a maioria.

Porém, para isto, você terá de introverter-se ao mais profundo do seu interior e, saber um pouco mais sobre o seu universo, preparando-se na arte do auto controle.

É preciso dominar a maleabilidade, como bem disse o apóstolo Paulo: "Chorai com os que choram, e alegrai com os que se alegram".

Tenha bom-senso ao portar-se diante de situações que envolvam pessoas.

Digamos que você deva visitar profissionalmente alguém de relevada importância, pois bem, você terá de camuflar muitos temores e sentimentos.

Apresentadores de televisões, animadores, políticos, e oradores de diversas categorias confessam ficarem tomados pelo nervosismo, momentos antes de suas apresentações.

Pela meditação profunda, você aprenderá liberar hormônios naturais do seu próprio corpo como beta endorfina, dopamina... produzidos pelas suas glândulas.

Dando-lhe sensação de paz e tranqüilidade naturais, mesmo porque ninguém é mais do que você!

Você, é você, e ponto!

Procure uma maneira de satisfazer a verdade de seu interlocutor, voltamos a rever palavras do velho Saulo de Tarso: "Se comer carne e beber vinho, escandalizar o meu irmão, então deixarei de fazê-los".

Simplificando, não somos dono da verdade e ninguém o é!

Temos nossas filosofias e religiões, mas, existe uma maioria que é dona da verdade absoluta, ou você acha que o apostolo Paulo não sabia disto há quase dois milênios...

Novamente o sábio apóstolo, diz: "Tudo me é lícito, mas, nem tudo me convém"...

No apanhado geral Paulo quis nos dizer, como de fato disse: "Sê forte com os fortes, e fraco com os fracos".

Com jeito e tolerância, e com jogo de cintura, a vida em comunidade torna-se bem mais fácil...

Dentro de uma igreja, estão muitos fiéis conjeturando consigo mesmos sobre os ensinamentos dados pelos seus pastores.

Quantas dúvidas, do tipo: - Será mesmo que devo agir assim, ou assado?

Por que o padre, cujo título, quer dizer literalmente, pai, não casa para Ter filhos?

Por que as imagens dentro de um templo não seria idolatria, ferindo-se ao primeiro mandamento da lei de Deus?

Por que igrejas católicas e evangélicas são tão ricas, e com tantas pessoas morrendo de fome?

Por que tanta miséria humana, com tanta hipocrisia política?

Sendo você conhecedor de pessoas multifacetadas, terá de usar a perspicácia para entender aquilo que eles representam às sua verdades. Assim, você vai controlando emoções, e caminhando lado a lado do seu irmão.

Aquilo que é muito belo para você, parecerá horripilante para o seu semelhante.

O que é palatável para um, será intragável a outro.

Disse, Jesus: "Se alguém pedir para você acompanhá-lo em uma milha, acompanhe-o em dez".

Capítulo – 32 – O conceito

Após você perder o medo, ou ao menos aprender a conviver com ele...

Depois de entender que o sucesso é de cunho estritamente pessoal.

Quando se aperceber de que, não há verdade absoluta.

Conquistar confiança e, dispensar confiança ao seu irmão.

Dominar o seu pensamento, desvencilhando-se de certos conceitos.

Traçar metas e perseguí-la com contumácia.

Estiver entusiasmado com a vida, ressuscitando-se a todo o momento.

Quando inverter seu antigos e tacanhos valores.

Delegar poderes aos seus auxiliares.

Quando matar o seu ego, reconhecendo a sua frágil e efêmera vida.

Souber captar e repassar estímulos.

Entender seus desacertos, reconhecendo suas imperfeições.

Dominar e mudar seus maus hábitos.

Sair fora da medíocre monotonia.

Esquecer-se de aposentar, ou fazê-lo como se não o fizesse.

Cuidar da sua impoluta imagem.

Manter-se atualizado.

Racionalizar o seu modo de vida.

Gastar somente o que lhe for permitido.

Fazer do seu trabalho o seu lazer.

Enxergar pela óptica do seu irmão.

Tolerar erros dos outros, e os seus.

Sorrir com sinceridade, e a inocência de uma criança.

Conhecer e controlar suas frustrações.

Crer piamente que, você é capaz.

Respeitar com muito amor, tudo e todos.

Descansar, entregando-se a Deus.

Usar da criatividade que Deus lhe deu.

Controlar suas emoções, entendendo as do seu irmão.

Depois de sabatinar-se sobre todas estas questões de qualidades e defeitos inerentes a você e a todos nós, irá conceituar-se diante do espelho da vida e tomar um caminho mais suave em direção ao sucesso.

Mas, não faltarão os frustrados e medrosos, sem redundarmos em infindáveis terminologias... como alcoviteiros, fofoqueiros, mexeriqueiros, sacripantas, safardanas etc... para criticá-lo com veemência.

Bem, você já está preparado entendendo um tanto de personalidade humana para suportá-la como fato normal do seu cotidiano.

Imputar-lhe-ão culpas e defeitos com uma porção de adjetivos pejorativos, através do sentimento mais reles que se chama: hipocrisia...

Ignore-os, não dê bola para torcida, ficarão com dores de cotovelos e, haja cotovelos...

Você já é um vencedor!

Capítulo – 33 – A cintura

Jogo de cintura é a destreza do vencedor, qualquer lutador da nobre arte, o box, que não tiver o jogo de cintura, será facilmente nocauteado pelo seu oponente!

Agora você é, um atleta com saúde e sucesso, um verdadeiro campeão, mas, irão querer lhe arrebatar o título, mas, você já tem a ginga de campeão, é bem maleável de cintura.

Aliás, este jogo, este molejo de cintura, servem para todos os tipos de lutas desta vida.

Ouça sempre, para depois, expressar-se, esta é a chave principal para lhe abrir a porta do sucesso.

Procure aperceber-se das intenções dos seus contatos.

Dirá você: É difícil adivinhar o pensamento alheio...

Bem... você já aprendeu a ler as expressões corporais do ser humano, pois, o corpo fala através de gestos, olhares e meneios, que estão interrelacionados com os desejos pessoais, faça um estudo profundo sobre o comportamento corporal do seu interlocutor.

A amistosidade, pode apenas ser de alguém querendo ser cortês, cordial, cavalheiro, polido, educado etc...

O desprezo desdenhoso de alguém pode ser recheado de medo, frustração, defesa, insegurança, querendo descartá-lo não querendo conversar com você...

O loquaz, tagarela, prolixo, estarão querendo chamar a atenção sobre si, desejando ser estrelo de primeira grandeza.

Pela maneira da pessoa olhar, pode se notar frieza, ódio, rancor, languidez, desânimo, alegria, tranqüilidade e outros pleonásticos sintomas.

Analisando a roupa do indivíduo, você poderá também fazer uma sinopse, aproximando-se da personalidade do seu contato.

Dê corda, com sutileza, para seus prospecto falar, principalmente sobre assunto que se diga entendido, e por este caminho ganhará a sua simpatia.

Capítulo – 34 – O ouvir

Esta é uma das armas corretas para se alcançar o sucesso:
"Falar é prata, e calar é ouro".
"Quem diz o que quer, ouve o que não quer".
"Em boca fechada, não entra mosca".
Quem nunca ouviu frases como estas?

Com crise, ou sem crise, lá está o ser humano em suas lamúrias, um dia chove, outro faz sol, o país nunca sai da crise, o salário não sobe, a justiça, é injusticeira, o político, é ladrão etc...

Bem... não é somente o negativismo aclamado, há aqueles que bendizem a vida e seus bens, louvam a Deus, estando sempre conformados com a sorte.

Uns acham, que irão morar num céu paradisíaco em gozo perenal.

O ser humano está aí bem debaixo do seu nariz, disposto a falar de todos os mais variados assuntos, e se você ouvi-lo com atenção e compreensão, com certeza ganhará muitos amigos, que lhe darão o sucesso de mãos beijadas.

Ouvindo-o pacientemente, poderá corrigir algum suposto problema aflitivo do seu contato, eis uma bela oportunidade para conquistar um profícua amizade!

A nossa vida é, movida por barganhas de bens e energias, na sua interatividade.

Para a nossa sobrevivência, vamos à cata de alguém para ganharmos o nosso pão de cada dia.

Sempre oferecendo condições para o nosso parceiro de trabalho, poder ganhar o seu pão também.

Bem... jamais esqueça, caro amigo e vitorioso leitor, suporte com paciência o seu irmão, e terá vencido a maior batalha já vista neste mundo, que é, a da intolerância a exemplo: das guerras milenares entre as nações.

Capítulo – 35 – O amor

Este, é o maior de todos os dons que Deus deu à natureza humana.

Ele está inserido em qualquer sucesso saudável e verdadeiro.

Sem o amor, pode esquecer de tudo, até mesmo de viver.

O amor eleva o moral do decaído!

Sempre aparece uma voz a nos consolar com ternura.

Amando o próximo, estará amando a si próprio.

De outra forma, será profundamente infeliz, triste, doente e sem sucesso.

"Amai-vos uns aos outros, como eu vos amei", disse, Jesus.

Se você tiver a capacidade verdadeira de se alegrar no sucesso do seu irmão, pois, saiba, você é o maior vencedor dentre todos os homens bem-sucedidos do planeta.

Estará bem perto do desvencilhamento da matéria, aproximando-se da maior glória e riqueza, que são o nirvana de amar o seu semelhante.

E, você quer maior sucesso do que este?

É tão difícil e sublime que, pouquíssimos conseguem esta bem-aventurança.

Não vamos agora, querer definir o indefinível, que é o amor.

Porém, ame à sua maneira, optando pelo sucesso do bom-senso, e estará fazendo o bastante.

Pois, somente o seu bom desejo o fará bem-sucedido!

Sucesso...

Sucesso...

Sucesso...